Impressum
Verlag: BABADADA GmbH, Nedderfeld 112 , 22529 Hamburg
Geschäftsführer / Verlagsleitung: Harald Hof
Druck: Books on Demand GmbH, In de Tarpen 42, 22848 Norderstedt

Imprint
Publisher: BABADADA GmbH, Nedderfeld 112 , 22529 Hamburg, Germany
Managing Director / Publishing direction: Harald Hof
Print: Books on Demand GmbH, In de Tarpen 42, 22848 Norderstedt, Germany

школа

5ch00l

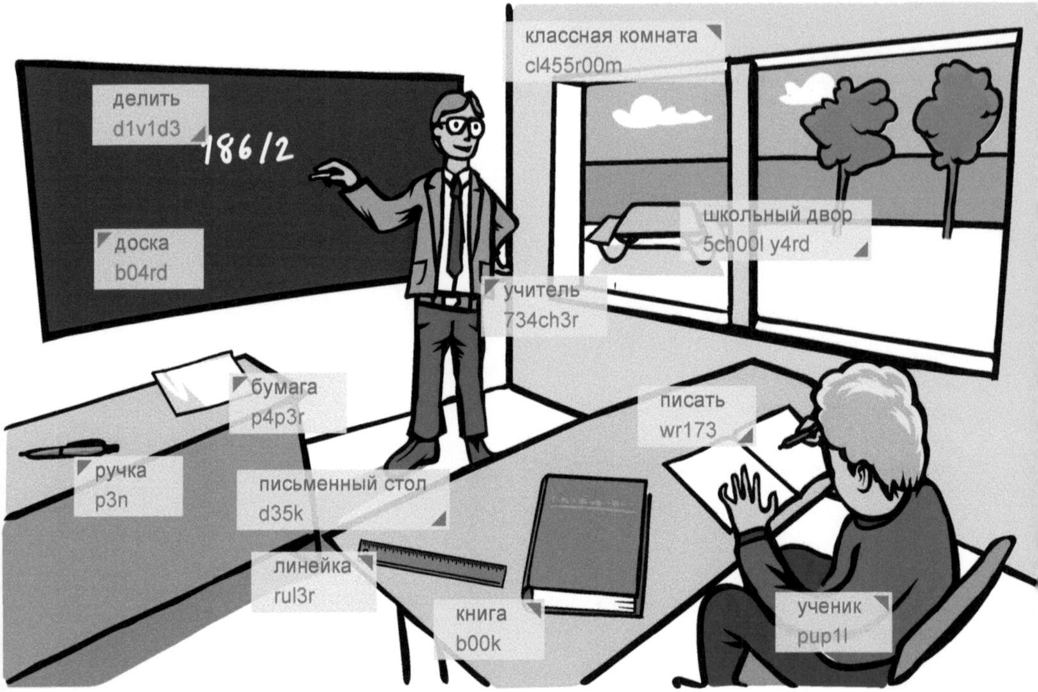

классная комната
cl455r00m
делить
d1v1d3
186/2
доска
b04rd
школьный двор
5ch00l y4rd
учитель
734ch3r
бумага
p4p3r
писать
wr173
ручка
p3n
письменный стол
d35k
линейка
rul3r
книга
b00k
ученик
pup1l

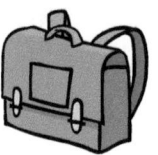

ранец

547ch3l

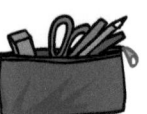

пенал

p3nc1l c453

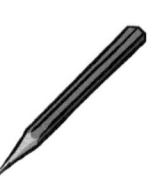

карандаш

p3nc1l

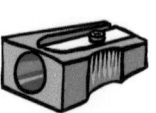

точилка

p3nc1l 5h4rp3n3r

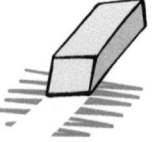

ластик

rubb3r

альбом для рисования

dr4w1n6 p4d

рисунок

dr4w1n6

кисточка

p41n7bru5h

коробка красок

p41n7 b0x

ножницы

5c1550r5

клей

6lu3

тетрадь

3x3rc153 b00k

домашняя работа

h0m3w0rk

цифра

numb3r

прибавлять

4dd

вычитать

5ub7r4c7

умножать

mul71ply

считать

c4lcul473

буква

l3773r

алфавит

4lph4b37

слово

w0rd

текст

73x7

читать

r34d

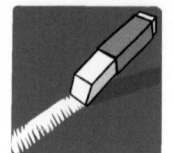

мел

ch4lk

урок

l3550n

классный журнал

r361573r

экзамен

3x4m1n4710n

диплом

c3r71f1c473

школьная форма

5ch00l un1f0rm

образование

3duc4710n

энциклопедия

3ncycl0p3d14

университет

un1v3r517y

микроскоп

m1cr05c0p3

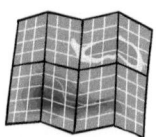

карта

m4p

корзина для бумаг

w4573-p4p3r b45k37

путешествие

7r4v3l

гостиница
h073l
Grand
турбаза
h0573l
ROOMS
пункт обмена валюты
curr3ncy 3xch4n63 0ff1c3
чемодан
5u17c453
автомобиль
c4r

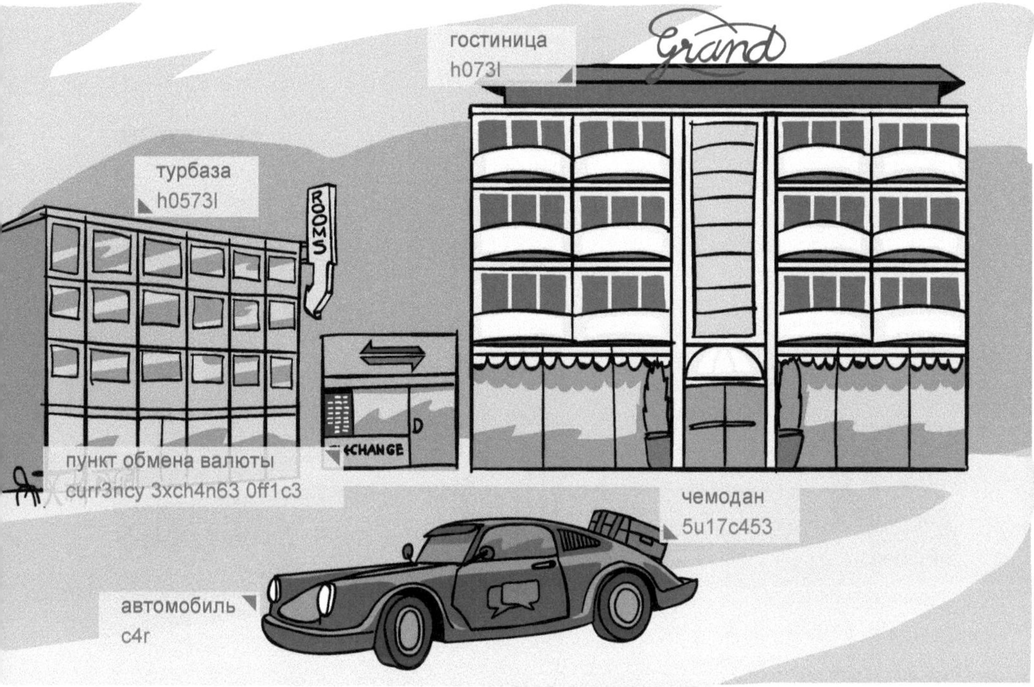

язык

l4n6u463

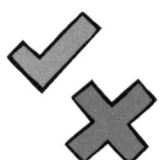

да / нет

y35 / n0

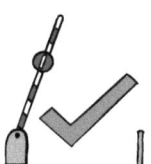

хорошо

0k4y

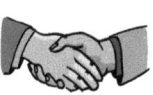

Привет

h3ll0

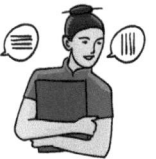

переводчик

7r4n5l470r

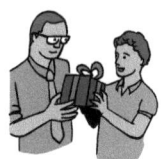

Спасибо

7h4nk y0u

Сколько стоит...?

h0w much 15

Я не понимаю

1 d0 n07 und3r574nd

проблема

pr0bl3m

Добрый вечер!

600d 3v3n1n6!

Доброе утро!

600d m0rn1n6!

Доброй ночи!

600d n16h7!

До свидания

600dby3

направление

d1r3c710n

багаж

lu66463

сумка

b46

рюкзак

b4ckp4ck

гость

6u357

комната

r00m

спальный мешок

5l33p1n6 b46

палатка

73n7

туристическая
информация
70ur157 1nf0rm4710n

пляж
b34ch

кредитная карточка
cr3d17 c4rd

завтрак
br34kf457

обед
lunch

ужин
d1nn3r

билет
71ck37

лифт
3l3v470r

почтовая марка
574mp

граница
b0rd3r

таможня
cu570m5

посольство
3mb455y

виза
v154

паспорт
p455p0r7

транспорт
7r4n5p0r7

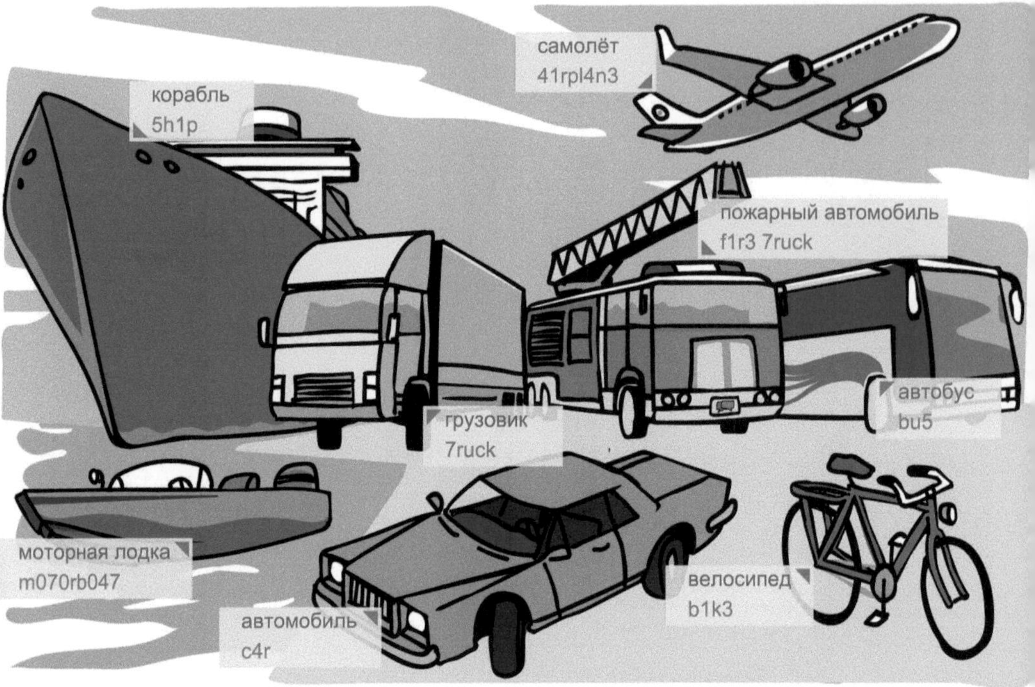
самолёт
41rpl4n3
корабль
5h1p
пожарный автомобиль
f1r3 7ruck
автобус
bu5
грузовик
7ruck
моторная лодка
m070rb047
велосипед
b1k3
автомобиль
c4r

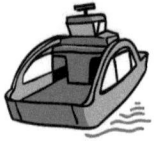

паром

f3rry

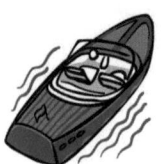

лодка

b047

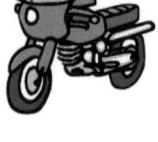

мотоцикл

m070rb1k3

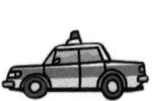

полицейский автомобиль

p0l1c3 c4r

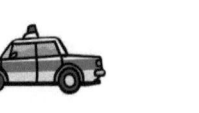

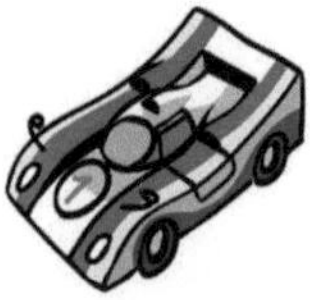

гоночный автомобиль

r4c1n6 c4r

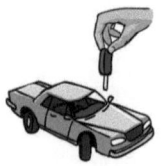

арендованный автомобиль

r3n74l c4r

совместное пользование
автомобилями
....
c4r 5h4r1n6

буксировочный
автомобиль
70w 7ruck

мусоровоз
....
64rb463 7ruck

двигатель
....
3n61n3

топливо
....
fu3l

заправка
....
fu3l 574710n

дорожный знак
....
7r4ff1c 516n

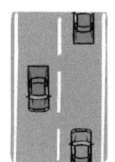

движение
....
7r4ff1c

пробка
....
7r4ff1c j4m

автостоянка
....
p4rk1n6 l07

вокзал
....
7r41n 574710n

рельсы
....
7r4ck5

поезд
....
7r41n

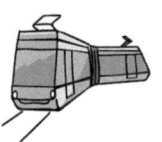

трамвай
....
7r4m

вагон
....
w460n

вертолёт

h3l1c0p73r

аэропорт

41rp0r7

вышка

70w3r

пассажир

p4553n63r

контейнер

c0n741n3r

коробка

c4r70n

тележка

c4r7

корзина

b45k37

взлетать / приземляться

74k3 0ff / l4nd

город

c17y

деревня

v1ll463

центр города

c17y c3n73r

дом

h0u53

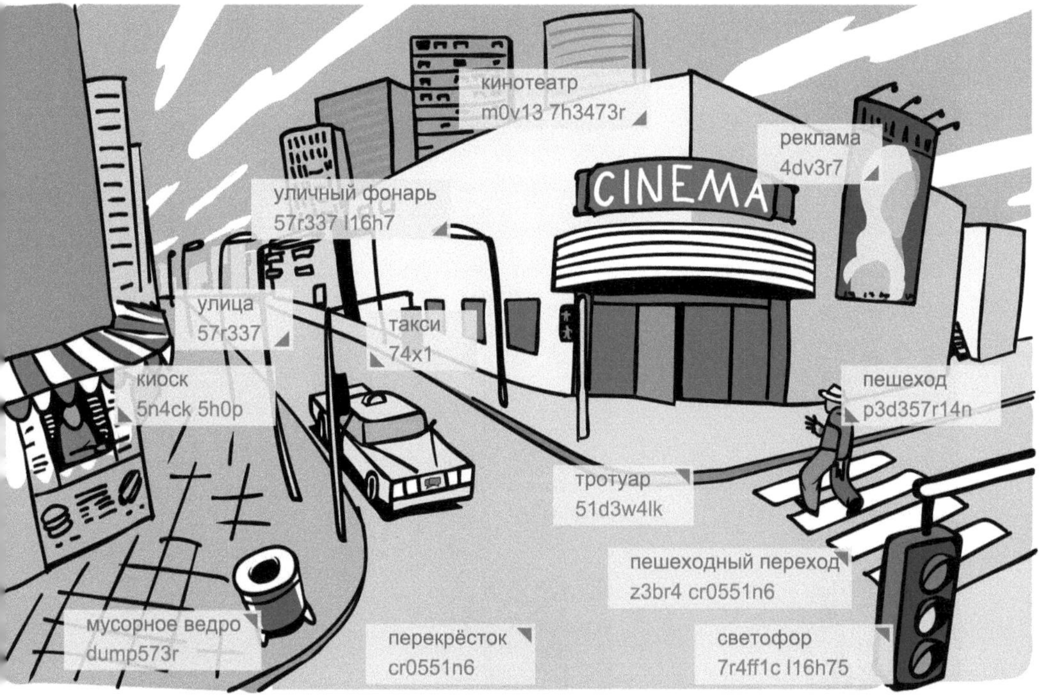

кинотеатр
m0v13 7h3473r

реклама
4dv3r7

уличный фонарь
57r337 l16h7

улица
57r337

такси
74x1

CINEMA

пешеход
p3d357r14n

киоск
5n4ck 5h0p

тротуар
51d3w4lk

пешеходный переход
z3br4 cr0551n6

мусорное ведро
dump573r

перекрёсток
cr0551n6

светофор
7r4ff1c l16h75

хижина
hu7

квартира
4p4r7m3n7

вокзал
7r41n 574710n

ратуша
c17y h4ll

музей
mu53um

школа
5ch00l

город - c17y

университет

un1v3r517y

банк

b4nk

больница

h05p174l

гостиница

h073l

аптека

ph4rm4cy

офис

0ff1c3

книжный магазин

b00k 5h0p

магазин

5h0p

цветочный магазин

fl0w3r 5h0p

супермаркет

5up3rm4rk37

рынок

m4rk37

универмаг

d3p4r7m3n7 570r3

торговец рыбой

f15hm0n63r'5 5h0p

торговый центр

m4ll

порт

h4rb0r

парк

p4rk

скамейка

b3nch

мост

br1d63

лестница

5741r5

метро

5ubw4y

тоннель

7unn3l

автобусная остановка

bu5 570p

бар

b4r

ресторан

r3574ur4n7

почтовый ящик

p057b0x

табличка с названием улицы

57r337 516n

паркометр

p4rk1n6 m373r

зоопарк

z00

бассейн

5w1mm1n6 p00l

мечеть

m05qu3

ферма

f4rm

загрязнение окружающей среды

p0llu710n

кладбище

c3m373ry

церковь

church

детская площадка

pl4y6r0und

храм

73mpl3

ландшафт

l4nd5c4p3

лист
l34f

дорожный указатель
516np057

дорога
p47h

луг
m34d0w

камень
570n3

дерево
7r33

путешественник
h1k3r

река
r1v3r

трава
6r455

цветок
fl0w3r

долина

v4ll3y

гора

h1ll

озеро

l4k3

лес

f0r357

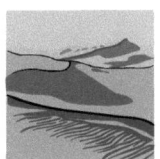

пустыня

d353r7

вулкан

v0lc4n0

замок

c457l3

радуга

r41nb0w

гриб

mu5hr00m

пальма

p4lm 7r33

комар

m05qu170

муха

fly

муравей

4n7

пчела

b33

паук

5p1d3r

ландшафт - l4nd5c4p3

жук

b337l3

лягушка

fr06

белка

5qu1rr3l

еж

h3d63h06

заяц

h4r3

сова

0wl

птица

b1rd

лебедь

5w4n

кабан

b04r

олень

d33r

лось

m0053

плотина

d4m

ветряной генератор

w1nd 7urb1n3

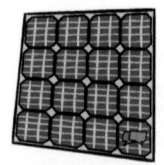

солнечная батарея

50l4r p4n3l

климат

cl1m473

ресторан

r3574ur4n7

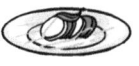

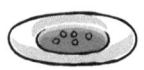

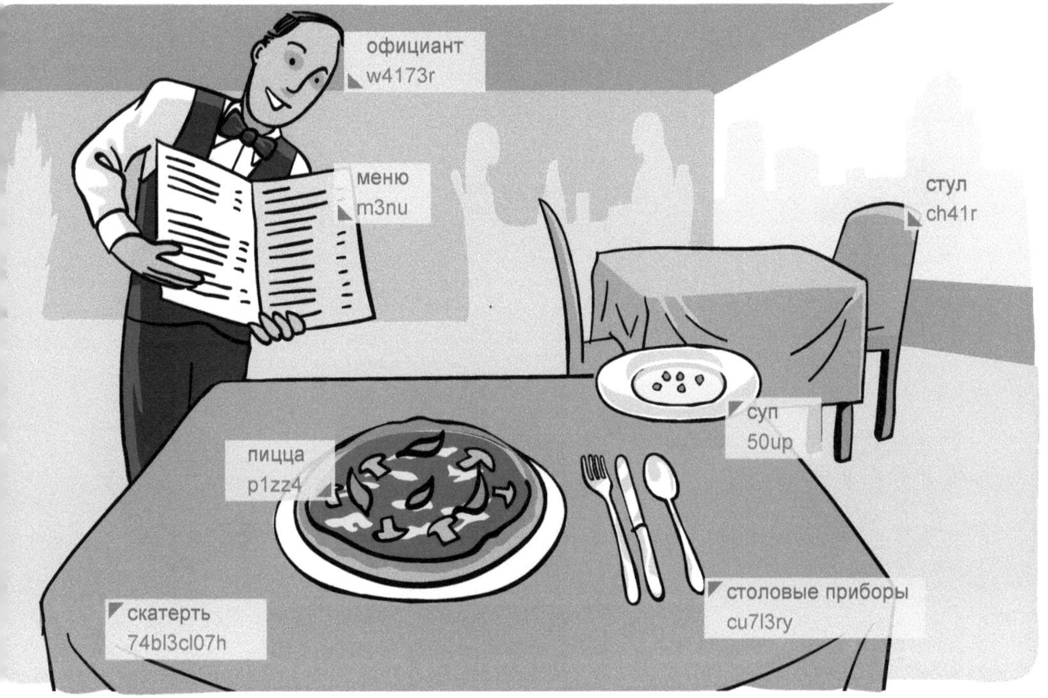
официант
w4173r
меню
m3nu
стул
ch41r
суп
50up
пицца
p1zz4
столовые приборы
cu7l3ry
скатерть
74bl3cl07h

закуска

574r73r

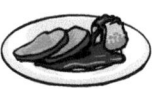

главное блюдо

m41n c0ur53

десерт

d3553r7

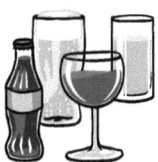

напитки

dr1nk5

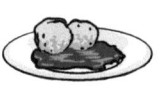

еда

f00d

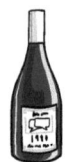

бутылка

b077l3

фастфуд

f457 f00d

уличная еда

57r337 f00d

чайник

734p07

сахарница

5u64r b0wl

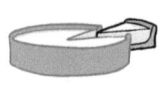

порция

p0r710n

кофеварка

35pr3550 m4ch1n3

детский стульчик

h16h ch41r

счет

b1ll

поднос

7r4y

нож

kn1f3

вилка

f0rk

ложка

5p00n

чайная ложка

7345p00n

салфетка

53rv13773

стакан

6l455

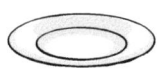

тарелка

pl473

суповая тарелка

50up pl473

блюдце

54uc3r

соус

54uc3

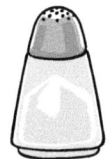

солонка

54l7 5h4k3r

мельница для перца

p3pp3r m1ll

уксус

v1n364r

масло

01l

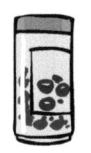

специи

5p1c35

кетчуп

k37chup

горчица

mu574rd

майонез

m4y0nn4153

супермаркет

5up3rm4rk37

специальное предложение
5p3c14l 0ff3r
FOR
покупатель
cu570m3r
молочные продукты
d41ry pr0duc75
фрукты
fru17
тележка для покупок
5h0pp1n6 c4r7

BUTCHERS

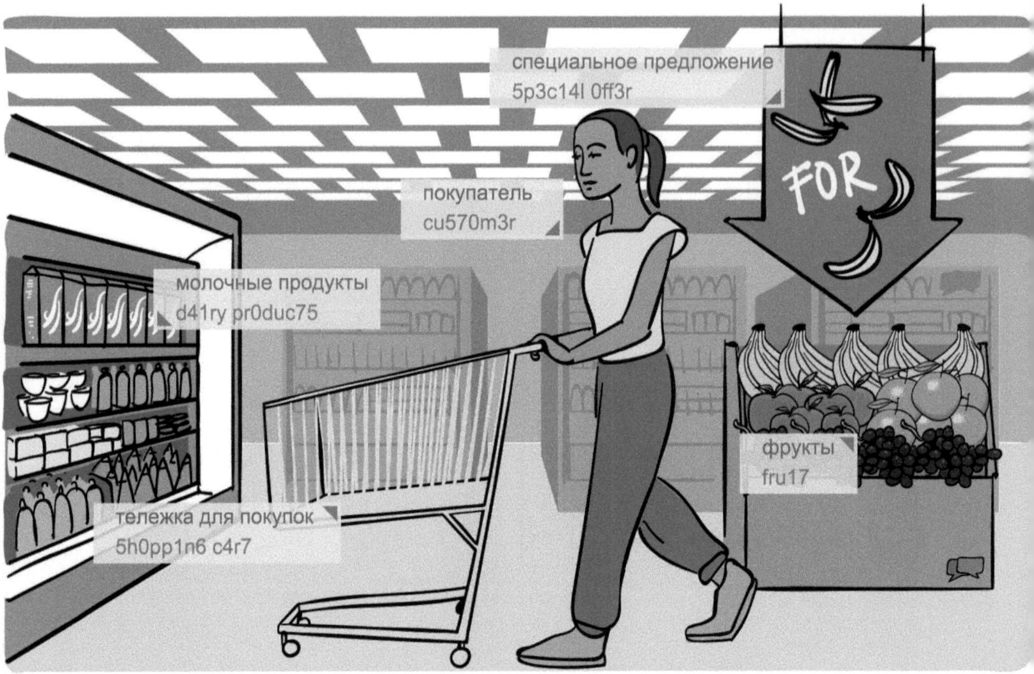

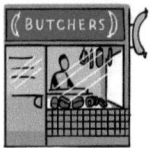

мясной магазин

bu7ch3r'5 5h0p

BAKERY

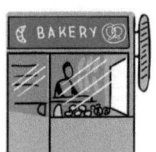

пекарня

b4k3ry

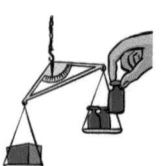

взвешивать

w316h

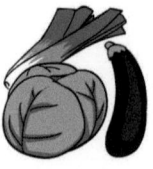

овощи

v36374bl35

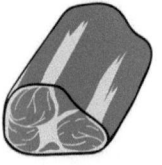

мясо

m347

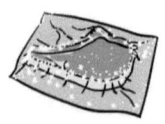

быстрозамороженные продукты

fr0z3n f00d

нарезка

c0ld cu75

консервы

c4nn3d f00d

стиральный порошок

d373r63n7

сладости

c4ndy

предмет домашнего
обихода
h0u53h0ld pr0duc75

моющее средство

cl34n1n6 pr0duc75

продавщица

54l35 r3pr353n7471v3

касса

c45h r361573r

кассир

c45h13r

список покупок

5h0pp1n6 l157

время работы

0p3n1n6 h0ur5

бумажник

w4ll37

кредитная карточка

cr3d17 c4rd

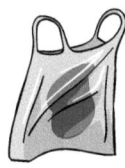

сумка

b46

полиэтиленовый пакет

pl4571c b46

вода

w473r

сок

ju1c3

молоко

m1lk

кока-кола

c0k3

вино

w1n3

пиво

b33r

алкоголь

4lc0h0l

какао

c0c04

чай

734

кофе

c0ff33

эспрессо

35pr3550

капучино

c4ppucc1n0

банан

b4n4n4

яблоко

4ppl3

апельсин

0r4n63

арбуз

m3l0n

лимон

l3m0n

морковь

c4rr07

чеснок

64rl1c

бамбук

b4mb00

лук

0n10n

гриб

mu5hr00m

орехи

nu75

лапша

n00dl35

спагетти

5p46h3771

рис

r1c3

салат

54l4d

картофель фри

fr135

жареный картофель

fr13d p0747035

пицца

p1zz4

гамбургер

h4mbur63r

сэндвич

54ndw1ch

шницель

35c4l0p3

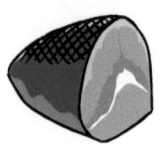

ветчина

h4m

салями

54l4m1

колбаса

54u5463

курица

ch1ck3n

жаркое

r0457

рыба

f15h

овсяные хлопья

p0rr1d63 0475

мюсли

mu35l1

кукурузные хлопья

c0rnfl4k35

мука

fl0ur

круассан

cr01554n7

булочка

br34d r0ll

хлеб

br34d

тост

70457

печенье

c00k135

масло

bu773r

творог

curd

пирог

c4k3

яйцо

366

яичница

fr13d 366

сыр

ch3353

мороженое

1c3 cr34m

сахар

5u64r

мёд

h0n3y

мармелад

j3lly

крем с нугой

n0u647 cr34m

карри

curry

ферма

f4rm

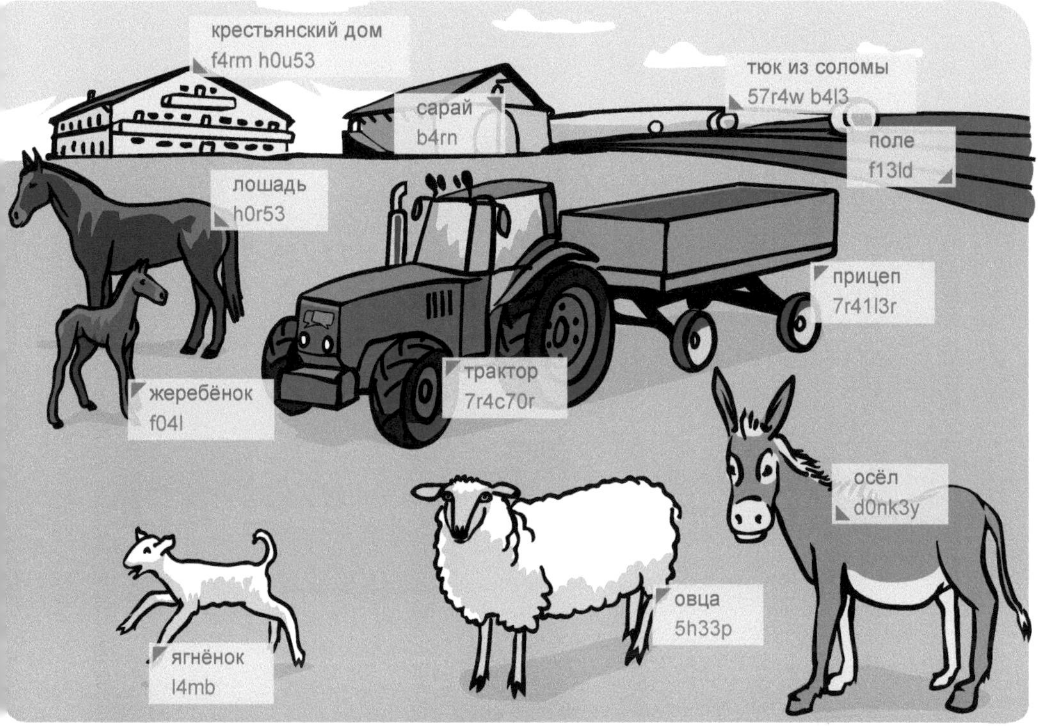
крестьянский дом
f4rm h0u53
сарай
b4rn
тюк из соломы
57r4w b4l3
поле
f13ld
лошадь
h0r53
прицеп
7r41l3r
трактор
7r4c70r
жеребёнок
f04l
осёл
d0nk3y
овца
5h33p
ягнёнок
l4mb

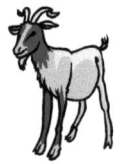

коза
6047

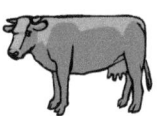

корова
c0w

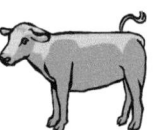

телёнок
c4lf

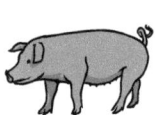

свинья
p16

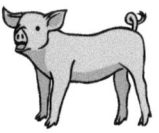

поросёнок
p16l37

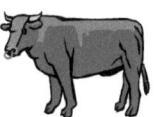

бык
bull

гусь

60053

утка

duck

цыплёнок

ch1ck

курица

h3n

петух

c0ck3r3l

крыса

r47

кошка

c47

мышь

m0u53

вол

0x

собака

d06

конура

d06 h0u53

садовый шланг

64rd3n h053

лейка

w473r1n6 c4n

коса

5cy7h3

плуг

pl0u6h

серп

51ckl3

мотыга

h03

навозные вилы

p17chf0rk

топор

4x3

тачка

pu5hc4r7

корыто

7r0u6h

бидон для молока

m1lk c4n

мешок

54ck

забор

f3nc3

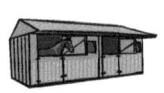

хлев

574bl3

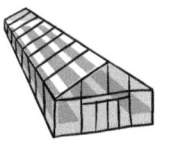

теплица

6r33nh0u53

почва

501l

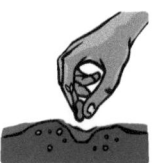

посев

533d

удобрение

f3r71l1z3r

комбайн

c0mb1n3 h4rv3573r

собирать урожай

h4rv357

урожай

h4rv357

ямс

y4m5

пшеница

wh347

соя

50y4

картофель

p07470

кукуруза

c0rn

рапс

r4p3533d

фруктовое дерево

fru17 7r33

маниок

m4n10c

злаки

6r41n

дом
h0u53

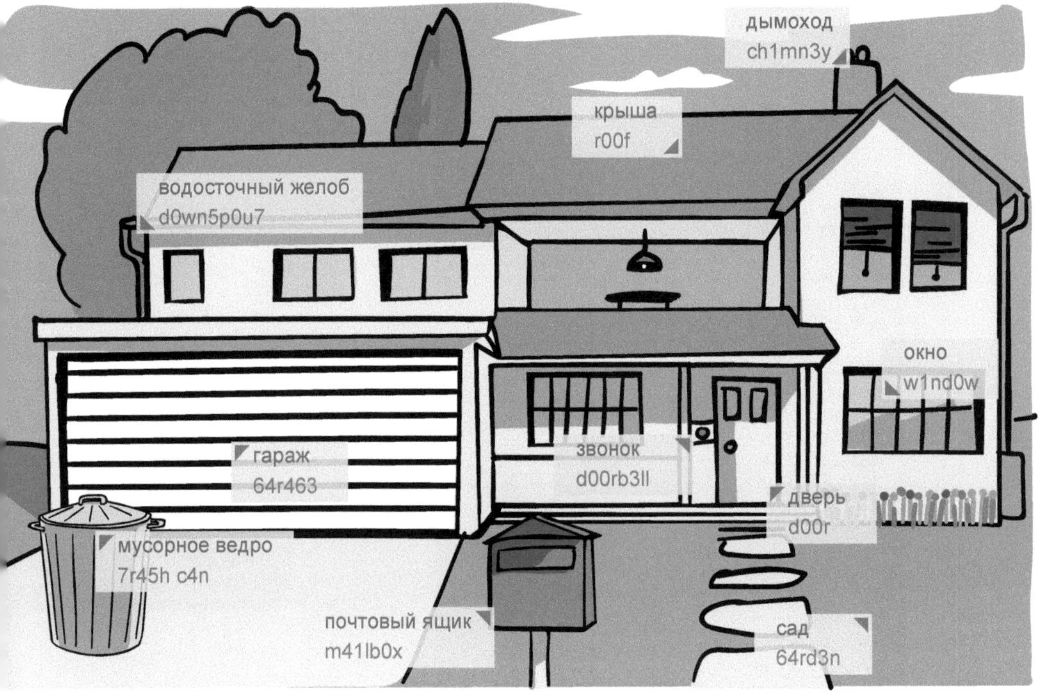
дымоход
ch1mn3y
крыша
r00f
водосточный желоб
d0wn5p0u7
окно
w1nd0w
гараж
64r463
звонок
d00rb3ll
дверь
d00r
мусорное ведро
7r45h c4n
почтовый ящик
m41lb0x
сад
64rd3n

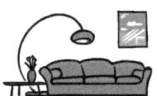

гостиная

l1v1n6 r00m

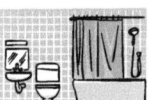

ванная комната

b47hr00m

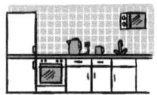

кухня

k17ch3n

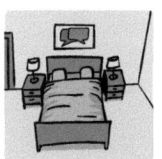

спальня

b3dr00m

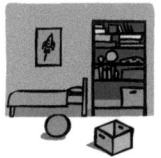

детская комната

ch1ld'5 r00m

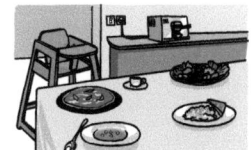

столовая

d1n1n6 r00m

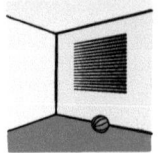

пол

fl00r

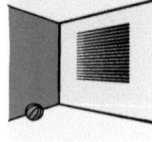

стена

w4ll

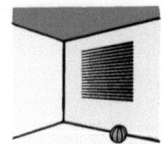

потолок

c31l1n6

подвал

c3ll4r

сауна

54un4

балкон

b4lc0ny

терраса

73rr4c3

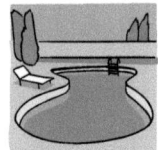

бассейн

p00l

газонокосилка

l4wn m0w3r

пододеяльник

5h337

покрывало

b3d5pr34d

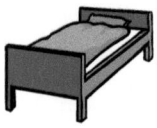

кровать

b3d

метла

br00m

ведро

buck37

выключатель

5w17ch

гостиная

l1v1n6 r00m

обои
w4llp4p3r
рисунок
p1c7ur3
лампа
l4mp
полка
5h3lf
шкаф
c4b1n37
телевизор
73l3v1510n
камин
f1r3pl4c3
цветок
fl0w3r
подушка
cu5h10n
диван
50f4
ваза
v453
пульт дистанционного управления
r3m073 c0n7r0l

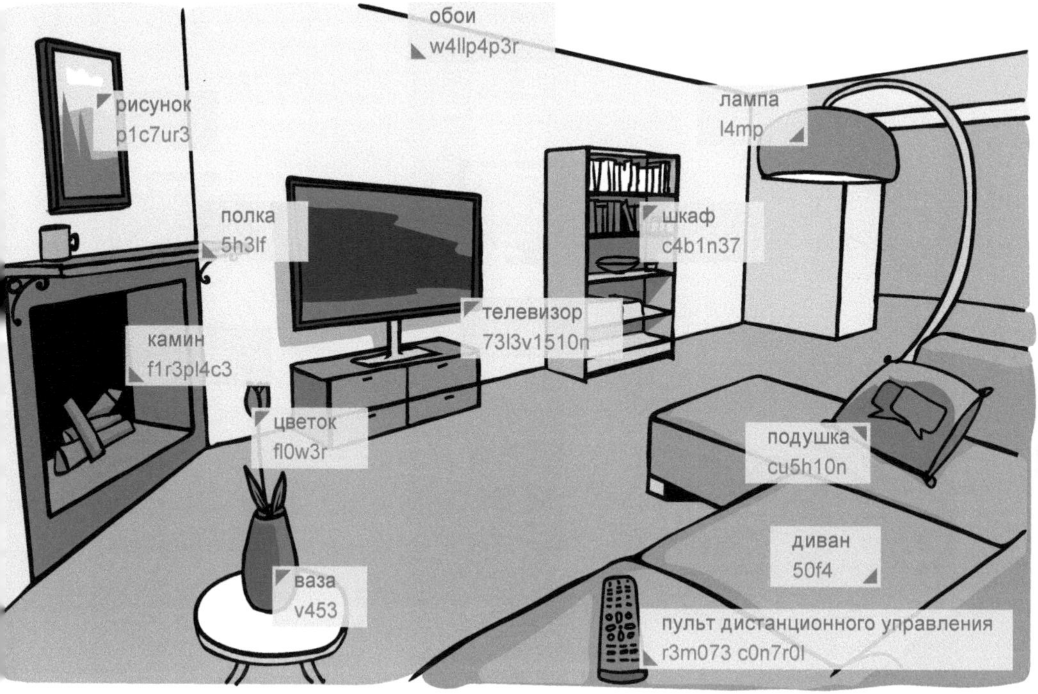

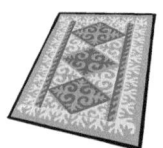

ковёр

c4rp37

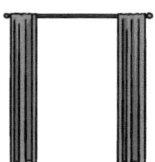

штора

dr4p3

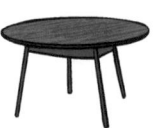

стол

74bl3

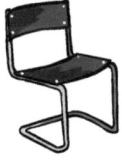

стул

ch41r

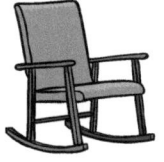

кресло-качалка

r0ck1n6 ch41r

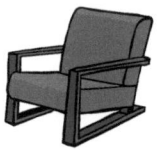

кресло

4rmch41r

книга

b00k

покрывало

bl4nk37

украшение

d3c0r4710n

дрова

f1r3w00d

фильм

f1lm

стереосистема

573r30 5y573m

ключ

k3y

газета

n3w5p4p3r

картина

p41n71n6

плакат

p0573r

радио

r4d10

блокнот

n073b00k

пылесос

v4cuum cl34n3r

кактус

c4c7u5

свеча

c4ndl3

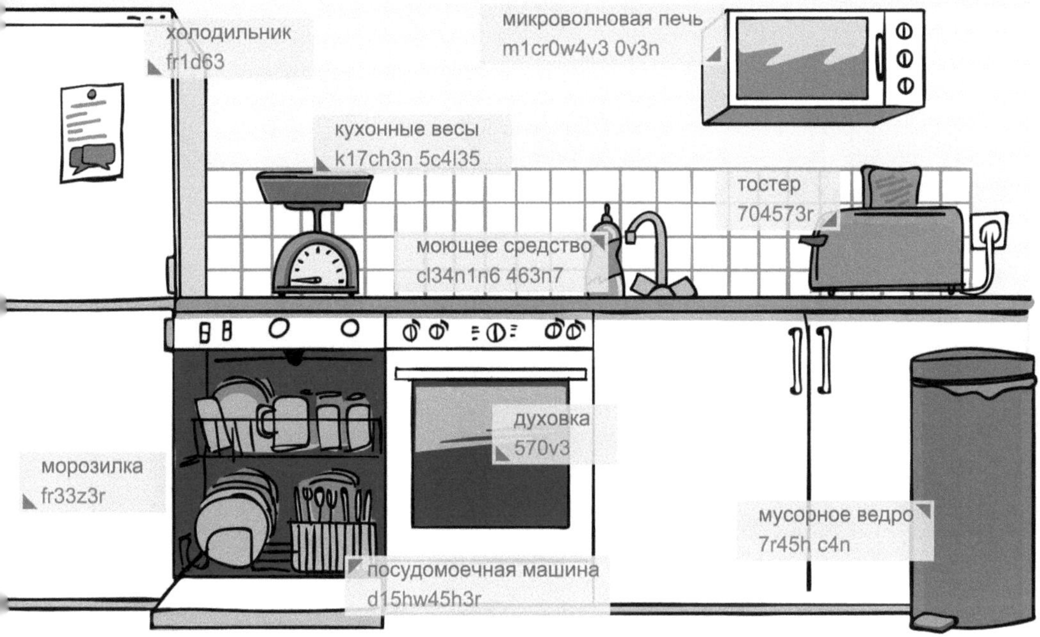

холодильник
fr1d63

микроволновая печь
m1cr0w4v3 0v3n

кухонные весы
k17ch3n 5c4l35

тостер
704573r

моющее средство
cl34n1n6 463n7

морозилка
fr33z3r

духовка
570v3

мусорное ведро
7r45h c4n

посудомоечная машина
d15hw45h3r

плита

c00k3r

кастрюля

p07

чугунный котелок

c457-1r0n p07

вок / кадай

w0k / k4d41

сковорода

p4n

чайник

k377l3

пароварка

5734m3r

противень

b4k1n6 7r4y

посуда

cr0ck3ry

кружка

mu6

миска

b0wl

палочки для еды

ch0p571ck5

половник

l4dl3

лопатка

5p47ul4

сбивалка

wh15k

сито

57r41n3r

сито

513v3

тёрка

6r473r

ступка

m0r74r

гриль

b4rb3cu3

костёр

f1r3pl4c3

доска

ch0pp1n6 b04rd

скалка

r0ll1n6 p1n

штопор

c0rk5cr3w

жестяная банка

c4n

консервный нож

c4n 0p3n3r

прихватка

0v3n cl07h

раковина

51nk

щетка

bru5h

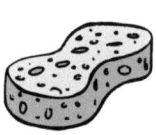

губка

5p0n63

миксер

bl3nd3r

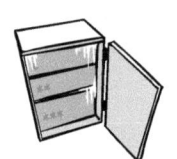

морозильная камера

d33p fr33z3r

бутылочка для кормления

b4by b077l3

кран

74p

ванная комната

b47hr00m

отопление
h3471n6
полотенце
70w3l
душ
5h0w3r
душевая занавеска
5h0w3r cur741n
пенистая ванна
bubbl3 b47h
ванна
b47h7ub
стакан
6l455
стиральная машина
w45h1n6 m4ch1n3
кран
74p
плитка
71l35
горшок
p077y
раковина
51nk

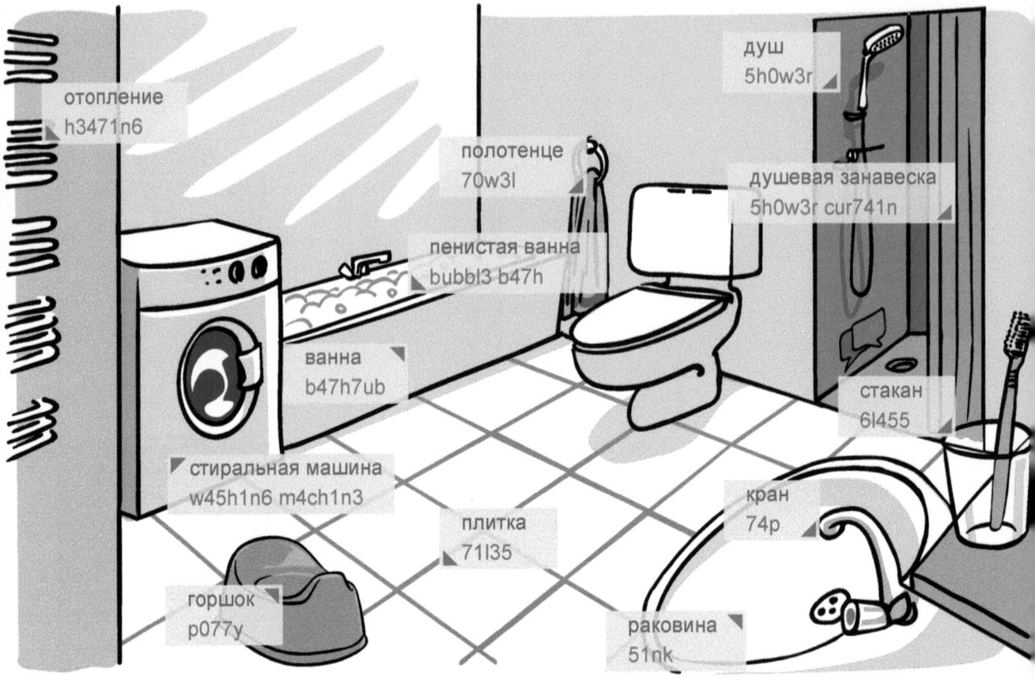

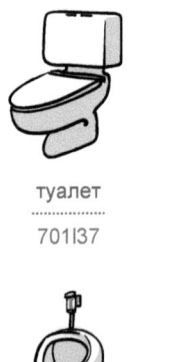

туалет

701l37

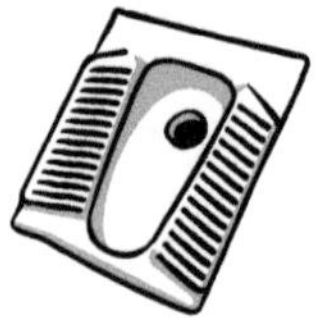

напольный унитаз

5qu47 701l37

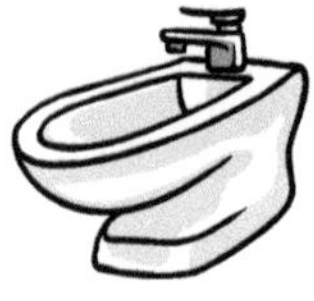

биде

b1d37

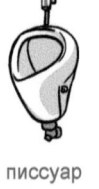

писсуар

ur1n4l

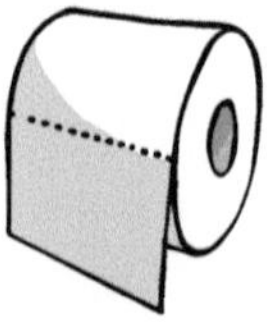

туалетная бумага

701l37 p4p3r

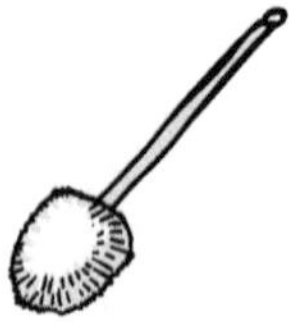

ершик

701l37 bru5h

зубная щетка

7007hbru5h

зубная паста

7007hp4573

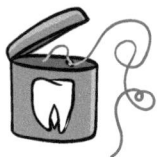

зубная нить

d3n74l fl055

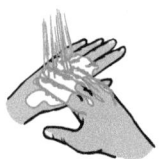

мыть

w45h

ручной душ

h4nd 5h0w3r

интимный душ

d0uch3

таз

b451n

щетка для спины

b4ck bru5h

мыло

504p

гель для душа

5h0w3r 63l

шампунь

5h4mp00

мочалка

fl4nn3l

сток

dr41n

крем

cr3m3

дезодорант

d30d0r4n7

зеркало

m1rr0r

ручное зеркало

h4nd m1rr0r

бритва

r4z0r

пена для бритья

5h4v1n6 f04m

лосьон после бритья

4f73r5h4v3

расческа

c0mb

щетка

bru5h

фен

h41r-dry3r

лак для волос

h41r5pr4y

косметика

m4k3up

губная помада

l1p571ck

лак для ногтей

n41l v4rn15h

вата

c0770n w00l

маникюрные ножницы

n41l 5c1550r5

духи

p3rfum3

косметичка

w45hb46

табуретка

5700l

весы

w316h1n6 5c4l35

халат

b47hr0b3

резиновые перчатки

rubb3r 6l0v35

тампон

74mp0n

гигиеническая прокладка

54n174ry 70w3l

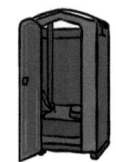

биотуалет

ch3m1c4l 701l37

детская комната
ch1ld'5 r00m

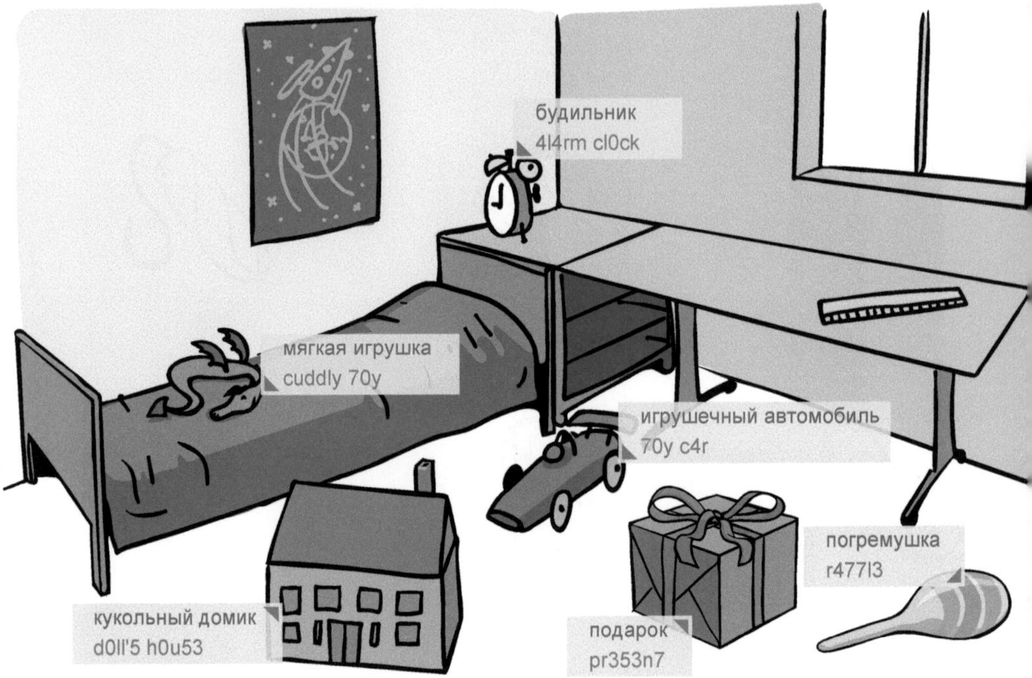
будильник
4l4rm cl0ck
мягкая игрушка
cuddly 70y
игрушечный автомобиль
70y c4r
погремушка
r477l3
кукольный домик
d0ll'5 h0u53
подарок
pr353n7

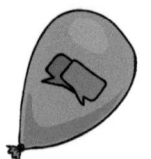

воздушный шар

b4ll00n

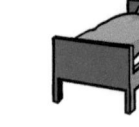

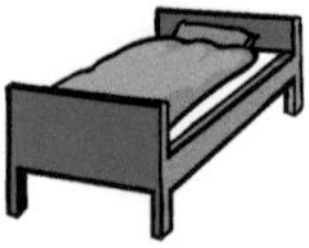

кровать

b3d

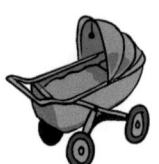

детская коляска

57r0ll3r

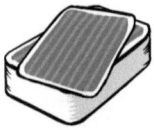

карточная игра

d3ck 0f c4rd5

пазл

j1654w

SUPER
MEGA

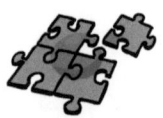

комикс

c0m1c

кирпичики Лего

l360 br1ck5

кубики

70y bl0ck5

игрушечная фигурка

4c710n f16ur3

ползунки

r0mp3r 5u17

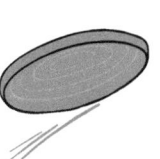

фрисби

fr15b33

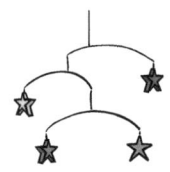

мобиле

m0b1l3

настольная игра

b04rd 64m3

кубик

d1c3

модель железной дороги

m0d3l 7r41n 537

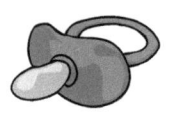

соска

dummy

вечеринка

p4r7y

книга с картинками

p1c7ur3 b00k

мяч

b4ll

кукла

d0ll

играть

pl4y

песочница

54ndp17

качели

5w1n6

игрушка

70y

игровая приставка

v1d30 64m3 c0n50l3

трёхколесный велосипед

7r1cycl3

плюшевый медвежонок

73ddy b34r

шкаф для одежды

w4rdr0b3

одежда

cl07h1n6

носки

50ck5

чулки

570ck1n65

колготки

716h75

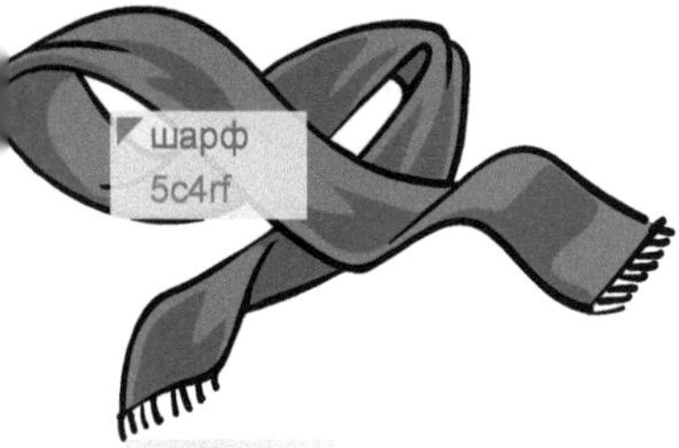

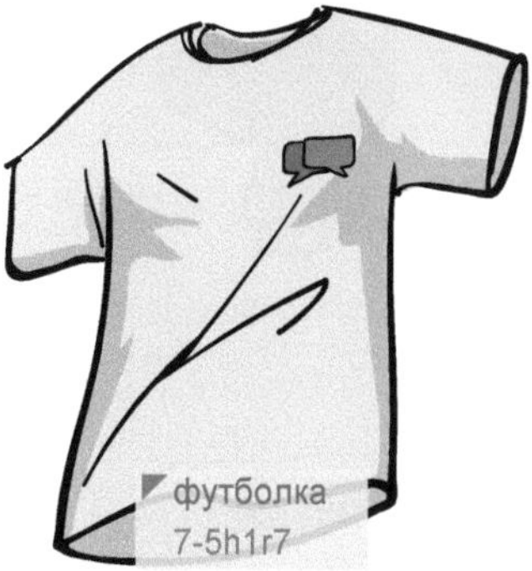

шарф
5c4rf

ремень
b3l7

зонтик
umbr3ll4

футболка
7-5h1r7

сапоги
b0075

тапки
5l1pp3r5

кроссовки
5n34k3r5

сандалии
·····················
54nd4l5

ботинки
·····················
5h035

резиновые сапоги
·····················
rubb3r b0075

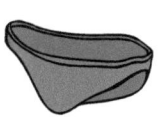

трусы
·····················
br13f5

бюстгальтер
·····················
br4

майка
·····················
und3r5h1r7

боди

b0dy

брюки

p4n75

джинсы

j34n5

юбка

5k1r7

блузка

bl0u53

рубашка

5h1r7

свитер

pull0v3r

свитер

5w3473r

спортивная куртка

bl4z3r

жакет

j4ck37

пальто

c047

плащ

r41nc047

костюм

c057um3

платье

dr355

свадебное платье

w3dd1n6 dr355

мужской костюм

5u17

ночная сорочка

n16h760wn

пижама

p4j4m45

сари

54r1

платок

h34d5c4rf

тюрбан

7urb4n

паранджа

burk4

кафтан

k4f74n

абайя

4b4y4

купальник

5w1m5u17

плавки

7runk5

шорты

5h0r75

спортивный костюм

7r4ck5u17

фартук

4pr0n

перчатки

6l0v35

пуговица

bu770n

очки

6l45535

браслет

br4c3l37

цепочка

n3ckl4c3

кольцо

r1n6

серьга

34rr1n6

шапка

c4p

вешалка

c047 h4n63r

шляпа

h47

галстук

713

застежка молния

z1p

шлем

h3lm37

подтяжки

br4c35

школьная форма

5ch00l un1f0rm

форма

un1f0rm

детский нагрудник
....
b1b

соска
....
dummy

подгузник
....
d14p3r

офис

0ff1c3

сервер
53rv3r

канцелярский шкаф
f1l1n6 c4b1n37

принтер
pr1n73r

бумага
p4p3r

монитор
m0n170r

письменный стол
d35k

мышь
m0u53

папка
f0ld3r

клавиатура
k3yb04rd

корзина для бумаг
w4573-p4p3r b45k37

стул
ch41r

компьютер
c0mpu73r

кофейная кружка
....
c0ff33 mu6

калькулятор
....
c4lcul470r

интернет
....
1n73rn37

ноутбук

l4p70p

письмо

l3773r

сообщение

m355463

мобильный телефон

c3ll ph0n3

сеть

n37w0rk

ксерокс

ph070c0p13r

программа

50f7w4r3

телефон

73l3ph0n3

розетка

plu6 50ck37

факс

f4x m4ch1n3

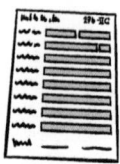

формуляр

f0rm

документ

d0cum3n7

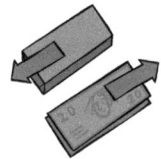

покупать

buy

платить

p4y

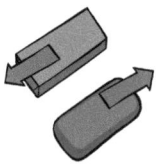

торговать

7r4d3

деньги

m0n3y

доллар

d0ll4r

евро

3ur0

иена

y3n

рубль

r0ubl3

франк

5w155 fr4nc

жэньминьби юань

r3nm1nb1 yu4n

рупия

rup33

банкомат

c45h p01n7

пункт обмена валюты

curr3ncy 3xch4n63 0ff1c3

золото

60ld

серебро

51lv3r

нефть

01l

энергия

3n3r6y

цена

pr1c3

договор

c0n7r4c7

налог

74x

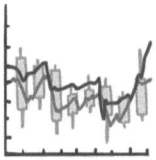

акция

570ck

работать

w0rk

служащий

3mpl0y33

работодатель

3mpl0y3r

фабрика

f4c70ry

магазин

5h0p

профессии

0ccup4710n5

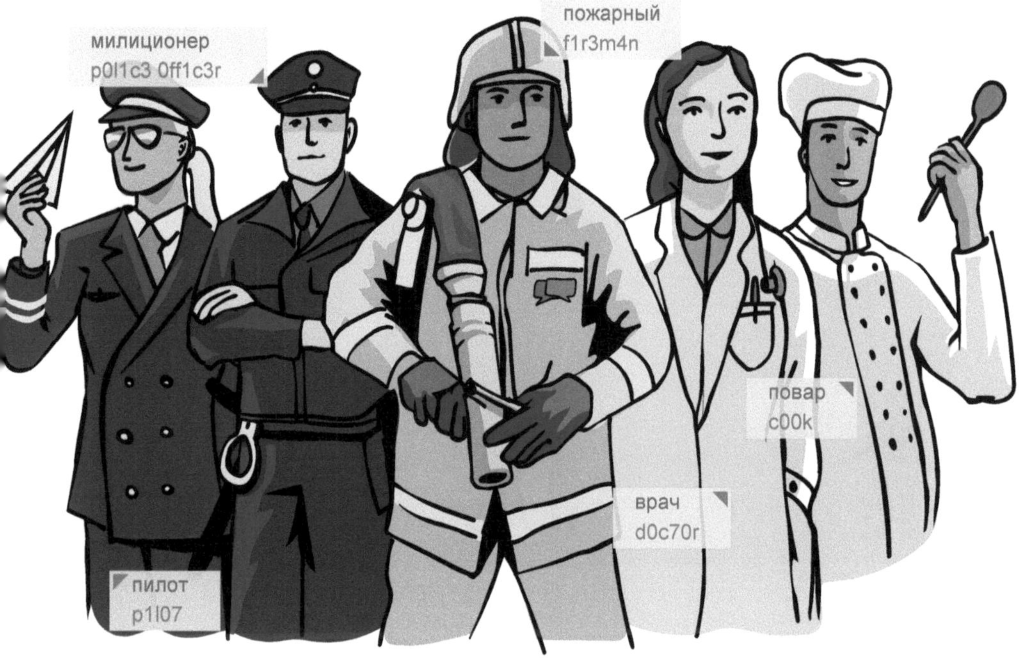
милиционер
p0l1c3 0ff1c3r
пожарный
f1r3m4n
повар
c00k
врач
d0c70r
пилот
p1l07

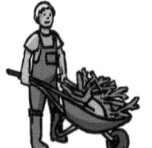

садовник

64rd3n3r

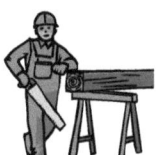

столяр

c4rp3n73r

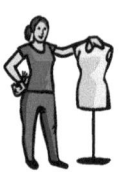

швея

534m57r355

судья

jud63

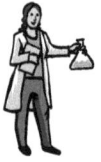

химик

ch3m157

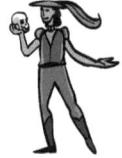

актёр

4c70r

водитель автобуса

bu5 dr1v3r

таксист

74x1 dr1v3r

рыбак

f15h3rm4n

уборщица

cl34n1n6 l4dy

кровельщик

r00f3r

официант

w4173r

охотник

hun73r

художник

p41n73r

пекарь

b4k3r

электрик

3l3c7r1c14n

строитель

bu1ld3r

инженер

3n61n33r

мясник

bu7ch3r

сантехник

plumb3r

почтальон

p057m4n

солдат

50ld13r

архитектор

4rch173c7

кассир

c45h13r

флорист

fl0r157

парикмахер

h41rdr3553r

кондуктор

c0nduc70r

механик

m3ch4n1c

капитан

c4p741n

зубной врач

d3n7157

ученый

5c13n7157

раввин

r4bb1

имам

1m4m

монах

m0nk

священник

p4570r

инструменты
700l5

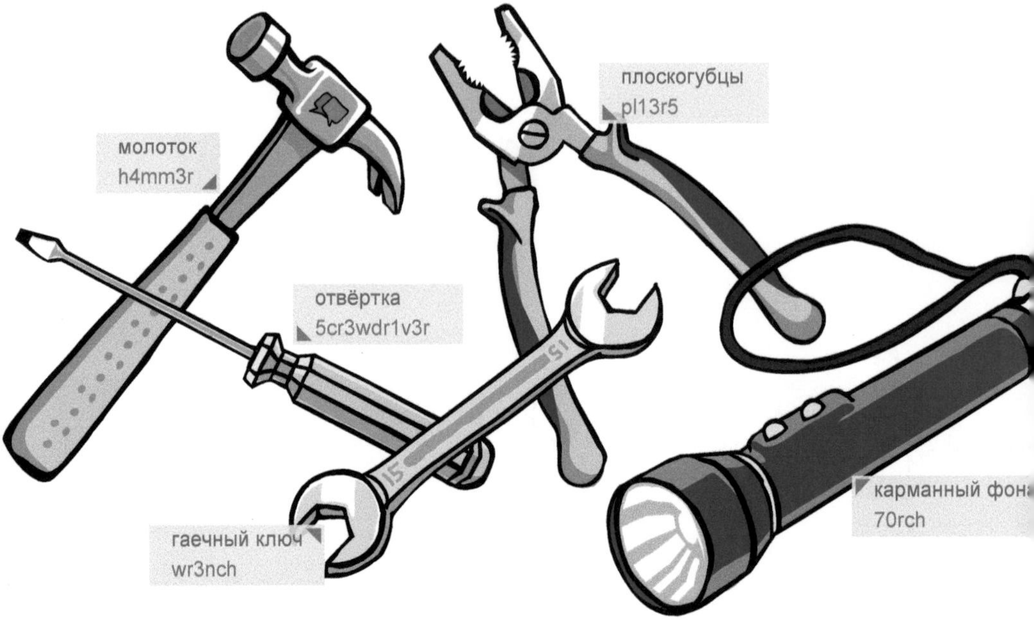
плоскогубцы
pl13r5
молоток
h4mm3r
отвёртка
5cr3wdr1v3r
карманный фон
70rch
гаечный ключ
wr3nch

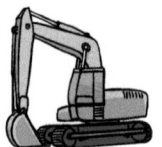

экскаватор

3xc4v470r

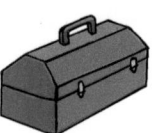

ящик для инструментов

700lb0x

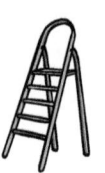

стремянка

l4dd3r

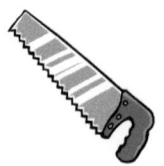

пила

54w

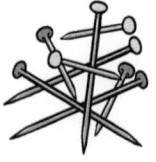

гвозди

n41l5

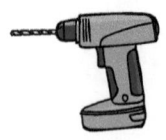

дрель

dr1ll

ремонтировать

r3p41r

лопата

5h0v3l

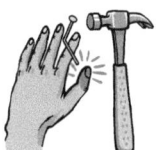

Блин!

d4mn!

совок

du57p4n

ведро с краской

p41n7 c4n

винты

5cr3w5

музыкальные инструменты
mu51c4l 1n57rum3n75

ударный инструмент
drum 537

громкоговоритель
l0ud 5p34k3r

контрабас
d0ubl3 b455

труба
7rump37

гитара
6u174r

пианино

p14n0

скрипка

v10l1n

бас-гитара

b455

литавры

71mp4n1

барабан

drum5

синтезатор

k3yb04rd

саксофон

54x0ph0n3

флейта

flu73

микрофон

m1cr0ph0n3

зоопарк

z00

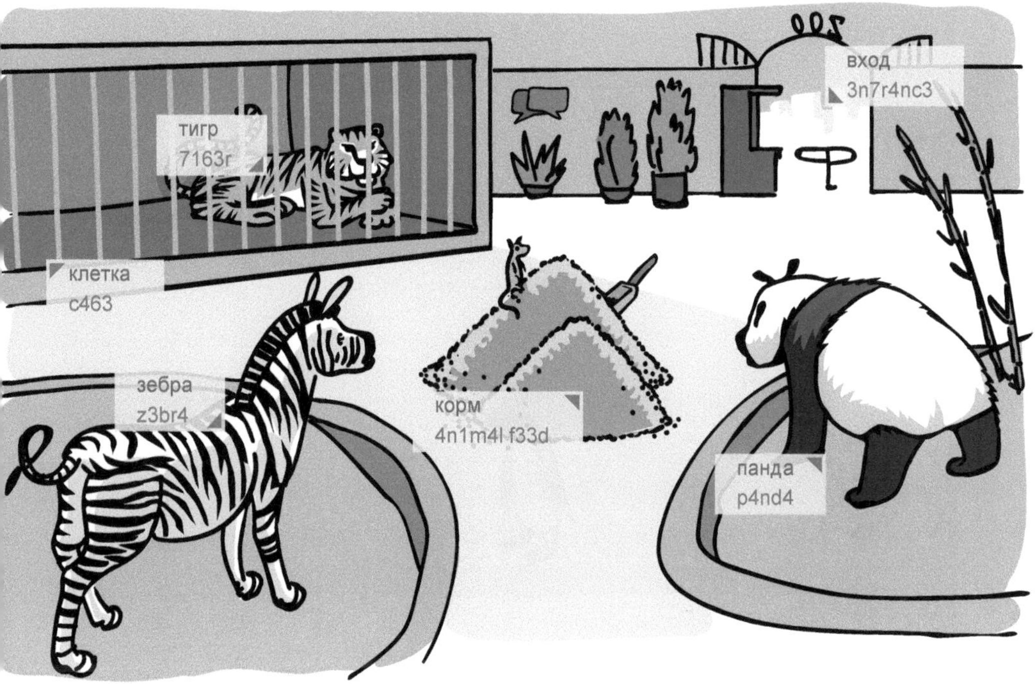
тигр
7163r
клетка
c463
вход
3n7r4nc3
зебра
z3br4
корм
4n1m4l f33d
панда
p4nd4

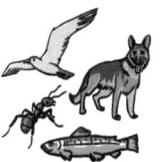

животные

4n1m4l5

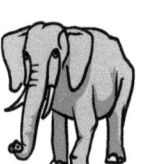

слон

3l3ph4n7

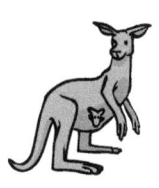

кенгуру

k4n64r00

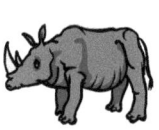

носорог

rh1n0

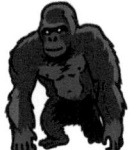

горилла

60r1ll4

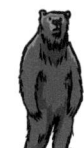

медведь

b34r

верблюд

c4m3l

страус

057r1ch

лев

l10n

обезьяна

m0nk3y

фламинго

fl4m1n60

попугай

p4rr07

белый медведь

p0l4r b34r

пингвин

p3n6u1n

акула

5h4rk

павлин

p34c0ck

змея

5n4k3

крокодил

cr0c0d1l3

служитель зоопарка

z00k33p3r

тюлень

534l

ягуар

j46u4r

пони

p0ny

леопард

l30p4rd

бегемот

h1pp0

жираф

61r4ff3

орёл

346l3

кабан

b04r

рыба

f15h

черепаха

7ur7l3

морж

w4lru5

лиса

f0x

газель

64z3ll3

американский футбол
4m3r1c4n f007b4ll

езда на велосипеде
cycl1n6

теннис
73nn15

баскетбол
b45k37b4ll

плавание
5w1mm1n6

бокс
b0x1n6

хоккей
1c3 h0ck3y

футбол
50cc3r

бадминтон
b4dm1n70n

лёгкая атлетика
47hl371c5

гандбол
h4ndb4ll

лыжный спорт
5k11n6

поло
p0l0

действия
4c71v17135

прыгать
jump
обнимать
hu6
смеяться
l4u6h
идти
w4lk
петь
51n6
мечтать
dr34m
молиться
pr4y
целовать
k155

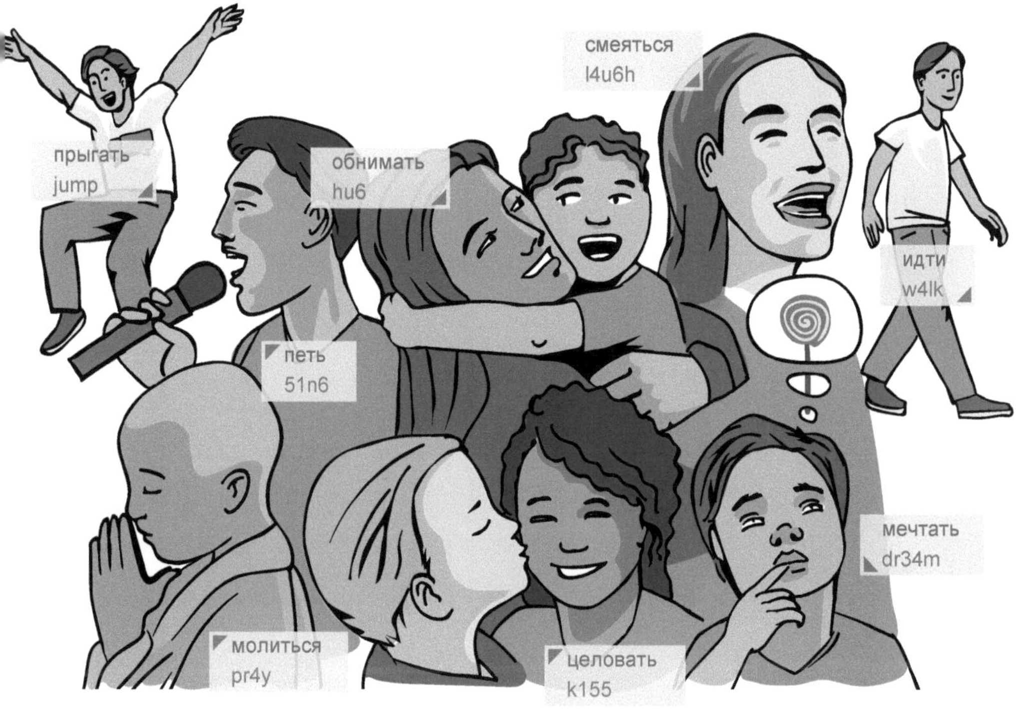

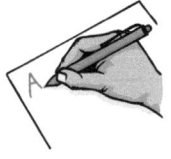

писать
wr173

рисовать
dr4w

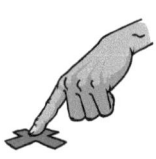

показывать
5h0w

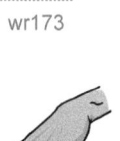

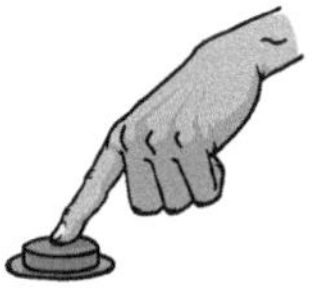

нажимать
pu5h

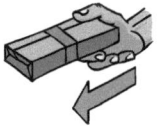

давать
61v3

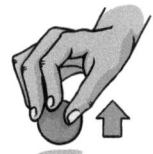

брать
74k3

иметь

h4v3

делать

d0

быть

b3

стоять

574nd

бежать

run

тянуть

pull

бросать

7hr0w

падать

f4ll

лежать

l13

ждать

w417

носить

c4rry

сидеть

517

надевать

637 dr3553d

спать

5l33p

просыпаться

w4k3 up

рассматривать

l00k 47

плакать

cry

гладить

57r0k3

причесывать

c0mb

говорить

74lk

понимать

und3r574nd

спрашивать

45k

слушать

l1573n

пить

dr1nk

кушать

347

наводить порядок

71dy up

любить

l0v3

готовить

c00k

ехать

dr1v3

летать

fly

ходить под парусом

5411

считать

c4lcul473

читать

r34d

учиться

l34rn

работать

w0rk

вступать в брак

m4rry

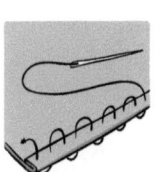

шить

53w

чистить зубы

bru5h 7337h

убивать

k1ll

курить

5m0k3

отправлять

53nd

бабушка
6r4ndm07h3r

дедушка
6r4ndf47h3r

папа
f47h3r

мама
m07h3r

младенец
b4by

дочь
d4u6h73r

сын
50n

гость

6u357

тетя

4un7

дядя

uncl3

брат

br07h3r

сестра

51573r

тело

b0dy

лоб
f0r3h34d
глаз
3y3
плечо
5h0uld3r
палец
f1n63r
лицо
f4c3
подбородок
ch1n
кисть
h4nd
нога
l36
грудь
br3457
рука
4rm

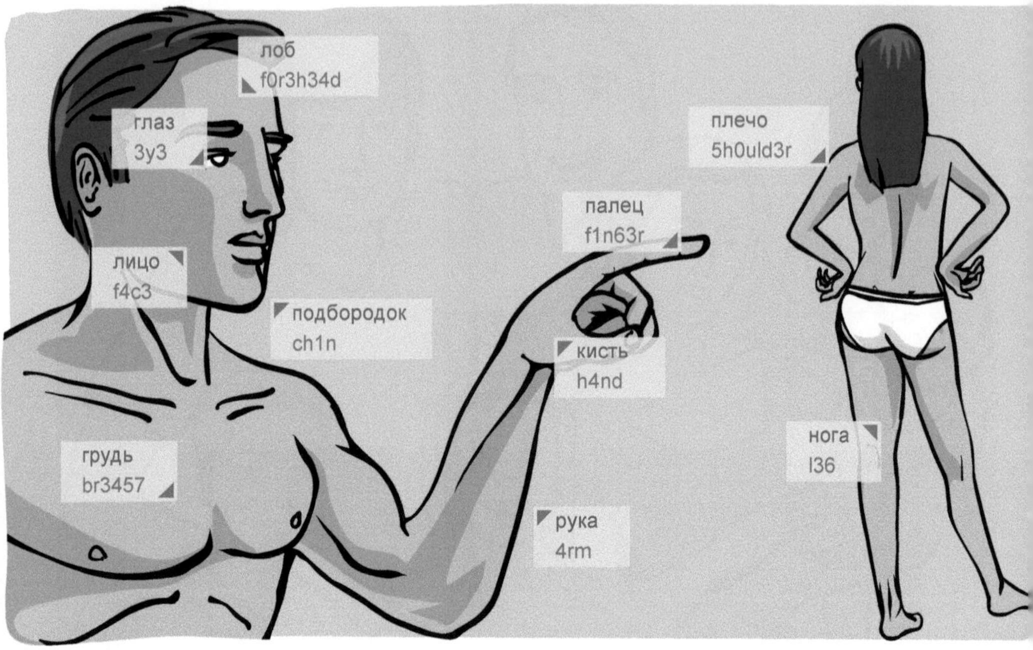

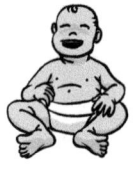

младенец

b4by

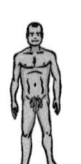

мужчина

m4n

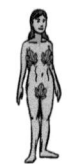

женщина

w0m4n

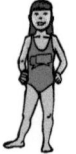

девочка

61rl

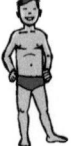

мальчик

b0y

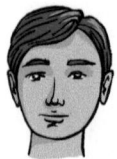

голова

h34d

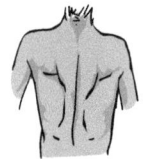

спина

b4ck

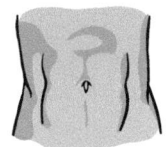

живот

b3lly

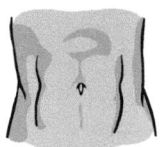

пупок

n4v3l

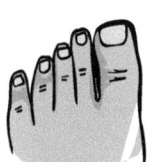

палец ноги

703

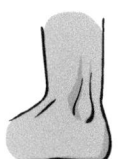

пятка

h33l

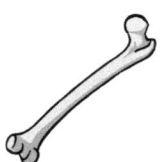

кость

b0n3

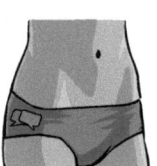

бедро

h1p

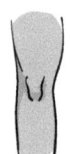

колено

kn33

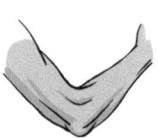

локоть

3lb0w

нос

n053

ягодицы

bu770ck5

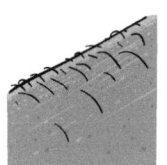

кожа

5k1n

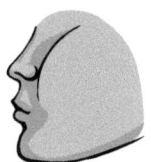

щека

ch33k

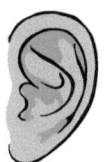

ухо

34r

губа

l1p

рот

m0u7h

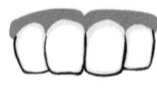

зуб

7007h

язык

70n6u3

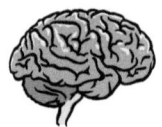

мозг

br41n

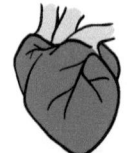

сердце

h34r7

мышца

mu5cl3

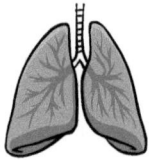

лёгкое

lun6

печень

l1v3r

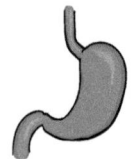

желудок

570m4ch

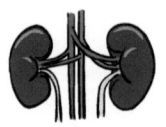

почки

k1dn3y5

половой акт

53x

презерватив

c0nd0m

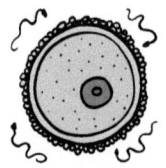

яйцеклетка

0vum

сперма

53m3n

беременность

pr36n4ncy

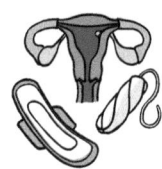

менструация
m3n57ru4710n

вагина
v461n4

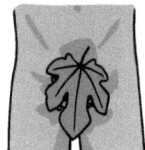

пенис
p3n15

бровь
3y3br0w

волосы
h41r

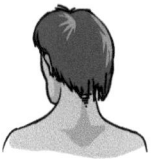

шея
n3ck

больница

h05p174l

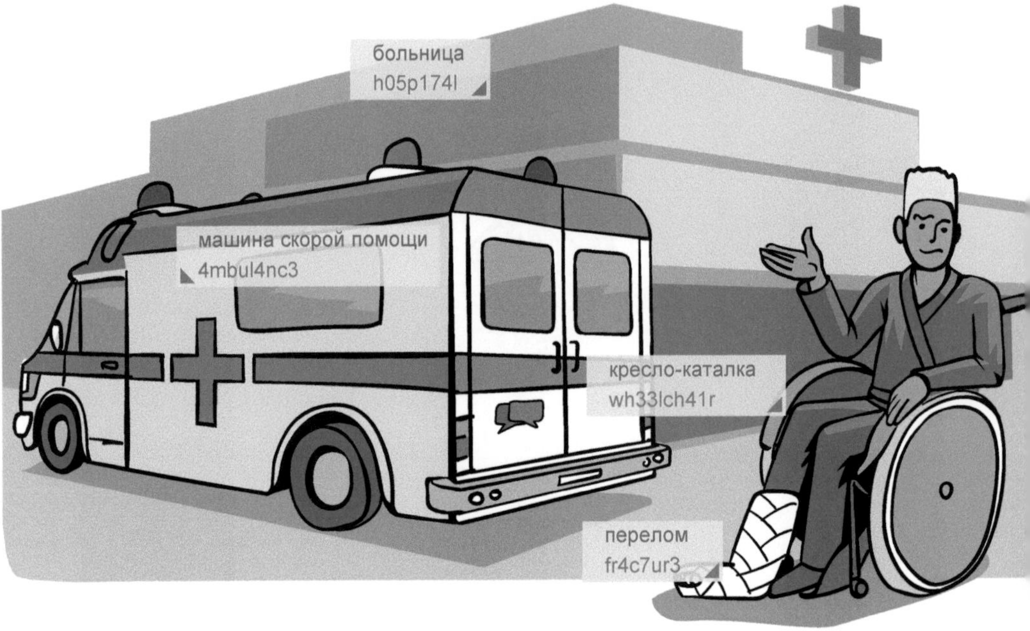

больница
h05p174l
машина скорой помощи
4mbul4nc3
кресло-каталка
wh33lch41r
перелом
fr4c7ur3

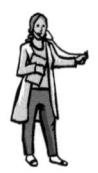

врач

d0c70r

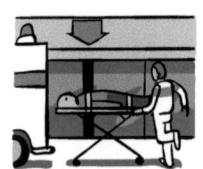

пункт первой помощи

3m3r63ncy r00m

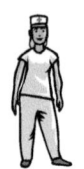

медсестра

nur53

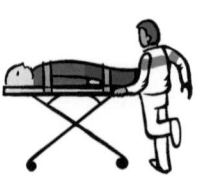

неотложный случай

3m3r63ncy

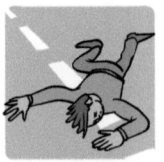

без сознания

unc0n5c10u5

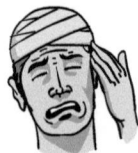

боль

p41n

повреждение

1njury

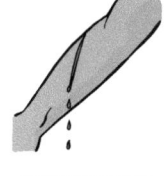

кровотечение

bl33d1n6

инфаркт

h34r7 4774ck

инсульт

57r0k3

аллергия

4ll3r6y

кашель

c0u6h

повышенная температура

f3v3r

грипп

flu

понос

d14rrh34

головная боль

h34d4ch3

рак

c4nc3r

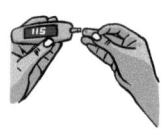

диабет

d14b3735

хирург

5ur630n

скальпель

5c4lp3l

операция

0p3r4710n

КТ

c7

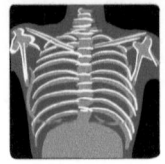

рентген

x-r4y

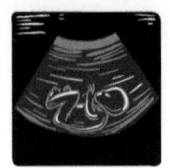

ультразвук

ul7r450und

маска

f4c3 m45k

болезнь

d153453

приёмная

w4171n6 r00m

костыль

cru7ch

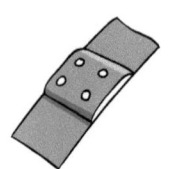

пластырь

pl4573r

бинт

b4nd463

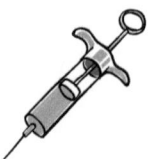

укол

1nj3c710n

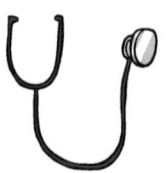

стетоскоп

5737h05c0p3

носилки

57r37ch3r

термометр

cl1n1c4l 7h3rm0m373r

рождение

b1r7h

избыточный вес

0v3rw316h7

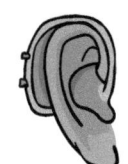

слуховой аппарат

h34r1n6 41d

дезинфекционное средство

d151nf3c74n7

инфекция

1nf3c710n

вирус

v1ru5

ВИЧ / СПИД

h1v / 41d5

лекарство

m3d1c1n3

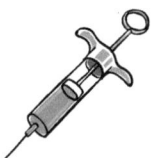

прививка

v4cc1n4710n

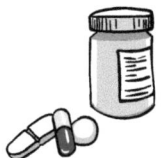

таблетки

74bl375

противозачаточная таблетка

p1ll

экстренный вызов

3m3r63ncy c4ll

прибор для измерения кровяного давления

bl00d pr355ur3 m0n170r

больной / здоровый

1ll / h34l7hy

сигнал тревоги

4l4rm

нападение

4554ul7

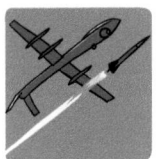

Помогите!

h3lp!

опасность

d4n63r

запасной выход

3m3r63ncy 3x17

атака

4774ck

огнетушитель

f1r3 3x71n6u15h3r

несчастный случай

4cc1d3n7

Пожар!

f1r3!

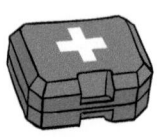

аптечка

f1r57-41d k17

SOS

505

милиция

p0l1c3

Европа

3ur0p3

Северная Америка

n0r7h 4m3r1c4

Южная Америка

50u7h 4m3r1c4

Африка

4fr1c4

Азия

4514

Австралия

4u57r4l14

Атлантический океан

47l4n71c

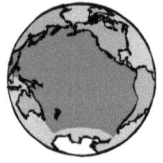

Тихий океан

p4c1f1c

Индийский океан

1nd14n 0c34n

Антарктический океан

4n74rc71c 0c34n

Северный Ледовитый океан

4rc71c 0c34n

Северный полюс

n0r7h p0l3

Южный полюс

50u7h p0l3

Антарктика

4n74rc71c4

земля

34r7h

суша

l4nd

море

534

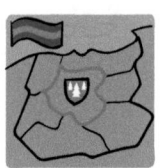

остров

15l4nd

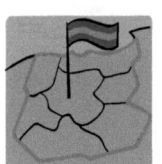

нация

n4710n

государство

57473

циферблат

cl0ck f4c3

часовая стрелка

h0ur h4nd

минутная стрелка

m1nu73 h4nd

секундная стрелка

53c0nd h4nd

Который час?

wh47 71m3 15 17?

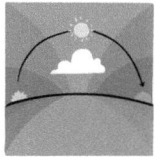

день

d4y

время

71m3

сейчас

n0w

электронные часы

d16174l w47ch

минута

m1nu73

час

h0ur

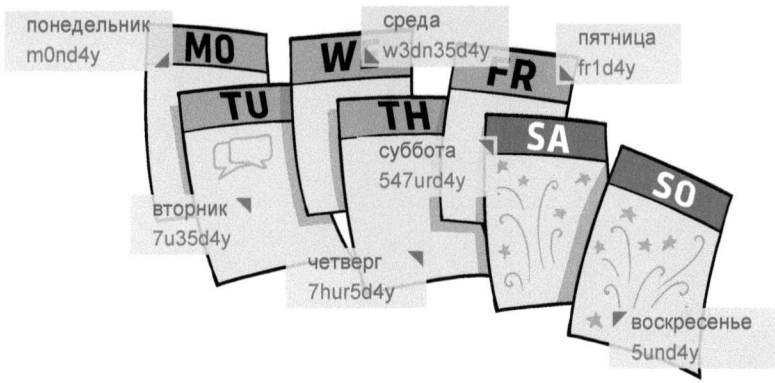

понедельник
m0nd4y

среда
w3dn35d4y

пятница
fr1d4y

MO

W

FR

TU

TH

SA

SO

суббота
547urd4y

вторник
7u35d4y

четверг
7hur5d4y

воскресенье
5und4y

вчера
y3573rd4y

сегодня
70d4y

завтра
70m0rr0w

утро
m0rn1n6

полдень
n00n

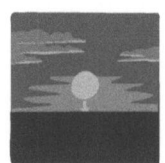

вечер
3v3n1n6

MO	TU	WE	TH	FR	SA	SU
1	2	3	4	5	6	7
8	9	10	11	12	13	14
15	16	17	18	19	20	21
22	23	24	25	26	27	28
29	30	31	1	2	3	4

рабочие дни
w0rkd4y5

MO	TU	WE	TH	FR	SA	SU
1	2	3	4	5	6	7
8	9	10	11	12	13	14
15	16	17	18	19	20	21
22	23	24	25	26	27	28
29	30	31	1	2	3	4

выходные
w33k3nd

год

y34r

дождь
r41n
радуга
r41nb0w
ветер
w1nd
снег
5n0w
весна
5pr1n6
осень
f4ll
лето
5umm3r
зима
w1n73r

4.APRIL 11°
5.APRIL 4°
6.APRIL 13°
7.APRIL 8°
8.APRIL 10°

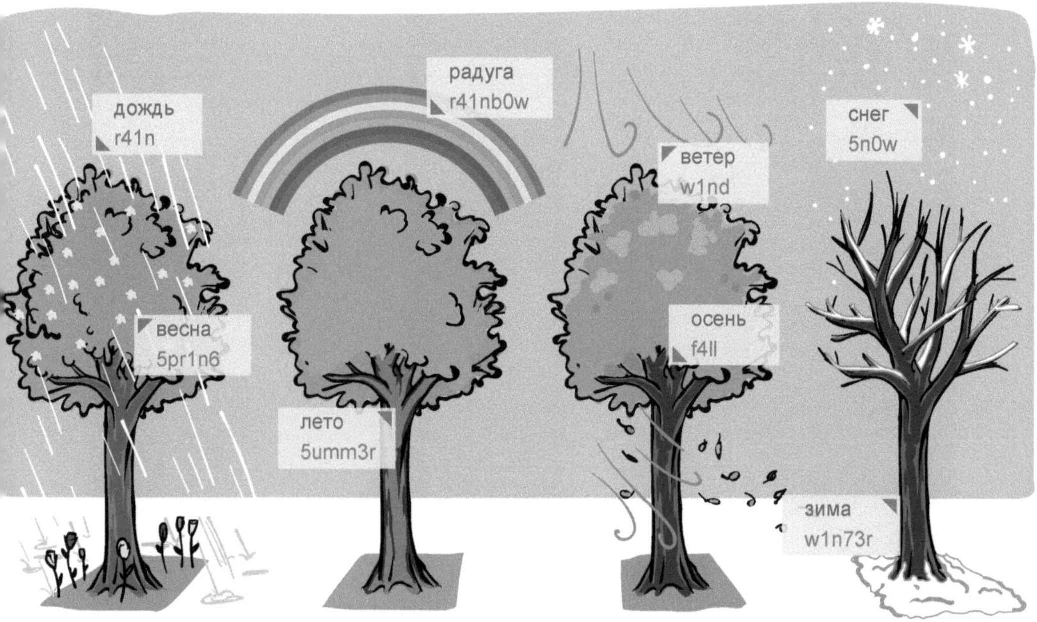

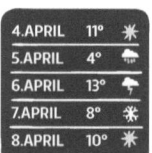

прогноз погоды

w347h3r f0r3c457

F C
120 40
90 30
60 20
30 10
0 0
-30 -10
-20

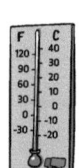

термометр

7h3rm0m373r

солнечный свет

5un5h1n3

туча

cl0ud

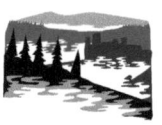

туман

f06

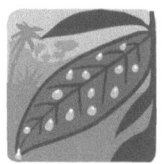

влажность воздуха

hum1d17y

молния

l16h7n1n6

гром

7hund3r

буря

570rm

град

h41l

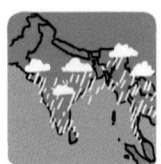

муссон

m0n500n

наводнение

fl00d

лёд

1c3

январь

j4nu4ry

февраль

f3bru4ry

март

m4rch

апрель

4pr1l

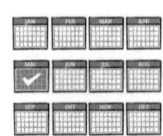

май

m4y

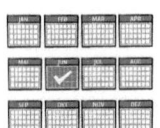

июнь

jun3

июль

july

август

4u6u57

год - y34r

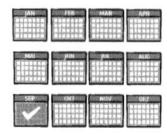

сентябрь

53p73mb3r

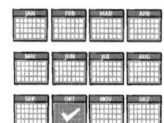

октябрь

0c70b3r

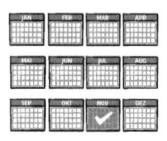

ноябрь

n0v3mb3r

декабрь

d3c3mb3r

формы

5h4p35

круг

c1rcl3

квадрат

5qu4r3

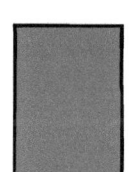

прямоугольник

r3c74n6l3

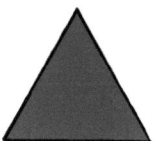

треугольник

7r14n6l3

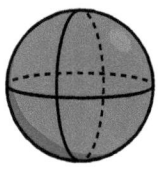

шар

5ph3r3

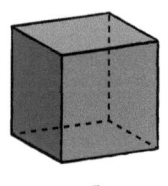

куб

cub3

белый

wh173

желтый

y3ll0w

оранжевый

0r4n63

розовый

p1nk

красный

r3d

лиловый

purpl3

синий

blu3

зелёный

6r33n

коричневый

br0wn

серый

6r4y

черный

bl4ck

много / мало

4 l07 / 4 l177l3

яростный / мирный

4n6ry / c4lm

красивый / уродливый

b34u71ful / u6ly

начало / конец

b361nn1n6 / 3nd

большой / маленький

b16 / 5m4ll

светлый / темный

br16h7 / d4rk

брат / сестра

br07h3r / 51573r

чистый / грязный

cl34n / d1r7y

полный / неполный

c0mpl373 / 1nc0mpl373

день / ночь

d4y / n16h7

мёртвый / живой

d34d / 4l1v3

широкий / узкий

w1d3 / n4rr0w

съедобный / несъедобный

3d1bl3 / 1n3d1bl3

злой / дружелюбный

3v1l / k1nd

взволнованный / скучающий

3xc173d / b0r3d

толстый / худой

f47 / 7h1n

сначала / в конце

f1r57 / l457

друг / враг

fr13nd / 3n3my

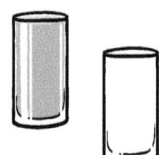

полный / пустой

full / 3mp7y

твёрдый / мягкий

h4rd / 50f7

тяжёлый / лёгкий

h34vy / l16h7

голод / жажда

hun63r / 7h1r57

больной / здоровый

1ll / h34l7hy

незаконный / законный

1ll364l / l364l

умный / глупый

1n73ll163n7 / 57up1d

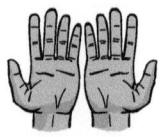

слева / справа

l3f7 / r16h7

близко / далеко

n34r / f4r

новый / подержанный

n3w / u53d

ничто / нечто

n07h1n6 / 50m37h1n6

старый / молодой

0ld / y0un6

включено / выключено

0n / 0ff

открыто / закрыто

0p3n / cl053d

тихо / громко

qu137 / l0ud

богатый / бедный

r1ch / p00r

правильный /
неправильный
r16h7 / wr0n6

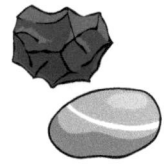

шероховатый / гладкий

r0u6h / 5m007h

печальный / счастливый

54d / h4ppy

короткий / длинный

5h0r7 / l0n6

медленный / быстрый

5l0w / f457

мокрый / сухой

w37 / dry

тёплый / прохладный

w4rm / c00l

война / мир

w4r / p34c3

0

ноль

z3r0

1

один

0n3

2

два

7w0

3

три

7hr33

4

четыре

f0ur

5

пять

f1v3

6

шесть

51x

7

семь

53v3n

8

восемь

316h7

9

девять

n1n3

10

десять

73n

11

одиннадцать

3l3v3n

12
двенадцать
7w3lv3

13
тринадцать
7h1r733n

14
четырнадцать
f0ur733n

15
пятнадцать
f1f733n

16
шестнадцать
51x733n

17
семнадцать
53v3n733n

18
восемнадцать
316h733n

19
девятнадцать
n1n3733n

20
двадцать
7w3n7y

100
сто
hundr3d

1.000
тысяча
7h0u54nd

1.000.000
миллион
m1ll10n

цифры - numb3r5

английский

3n6l15h

американский английский

4m3r1c4n 3n6l15h

мандаринский китайский

ch1n353 m4nd4r1n

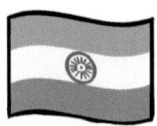

хинди

h1nd1

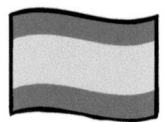

испанский

5p4n15h

французский

fr3nch

арабский

4r4b1c

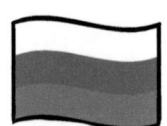

русский

ru5514n

португальский

p0r7u6u353

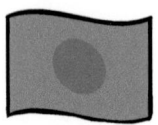

бенгальский

b3n64l1

немецкий

63rm4n

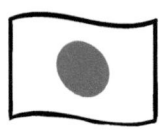

японский

j4p4n353

я

1

ты

y0u

он / она / оно

h3 / 5h3 / 17

мы

w3

вы

y0u

они

7h3y

кто?

wh0?

что?

wh47?

как?

h0w?

где?

wh3r3?

когда?

wh3n?

имя

n4m3

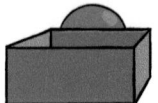

за
....
b3h1nd

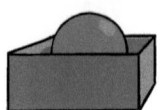

в
....
1n

перед
....
1n fr0n7 0f

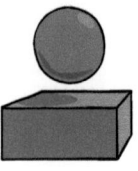

над
....
0v3r

на
....
0n

под
....
und3r

рядом
....
b351d3

между
....
b37w33n

место
....
pl4c3